불발된 연애들

시산맥 기획시선 055

불발된 연애들

시산맥 기획시선 055

초판 1쇄 발행 | 2017년 9월 6일

지 은 이 | 한선자
펴 낸 이 | 문정영
펴 낸 곳 | 시산맥사
편집주간 | 김광기
편집위원 | 안차애 이성렬 전해수 정재분
등록번호 | 제300-2013-12호
등록일자 | 2009년 4월 15일
주 소 | 03131 서울특별시 종로구 율곡로 6길 36, 월드오피스텔 1102호
전 화 | 02-764-8722, 010-8894-8722
전자우편 | poemmtss@hanmail.net
시산맥카페 | http://cafe.daum.net/poemmtss

ISBN 978-89-98133-91-7 03810

값 9,000원

* 이 책은 문화관광재단의 문예진흥기금 일부를 지원받았습니다.

* 이 도서의 국립중앙도서관 출판시도서목록(CIP)은 서지정보유통지원시스템 홈페이지(http://seoji.nl.go.kr)와 국가자료공동목록시스템(http://www.nl.go.kr/kolisnet)에서 이용하실 수 있습니다.

불발된 연애들

한선자 시집

*본문 페이지에서 한 연이 첫 번째 행에서 시작될 때에는 〈 표기를 한다.

■ 시인의 말

수많은 당신을
끊임없이
버리는 일

내가 시를 쓰는 이유입니다

2017년 8월
한선자

■ 차 례

1부

2부

3부

4부

1부

뚝배기를 태우다

검은 비닐봉지에 하루를 담는 저녁
뚝배기가 끓는다
새벽까지 함께 걸었던 골목이 끓는다
가로등 아래 길을 잃었던 첫 입술이 끓는다
심장에 꽂아 둔 장미꽃이 끓는다
소파 모서리 기우뚱 흔들리는 단잠이 끓어넘친다

병아리가 낳은 알을 낯선 골목에 버린 밤이 탄다
말없이 기차역으로 떠나는 빨간 구두를 태운다
영혼이 아랫도리에 있다고 믿는 남자를 태운다
아직도 과거가 끓고 있는 뚝배기를 태운다

사랑이란 너를 태우다가 내가 끓어넘치는 일
문 두드리는 기억을 밖에 세워둔 저녁
빨갛게 달아오르도록 잊고 싶은 것들을
뚝배기에 담아 태운다

폭우

폭우라는 말을 폭력으로 들은 아침

밤새 얻어맞은 볼이 얼얼했으나
나는 아직 살아 있다

그가 내게 온 건 비린내 물씬 나는 선창가

그때 나는 이유 없이 두들겨 맞고 있었다
순간순간 없는 죄를 반성하고 있었다

먼 곳에 있는 그를 먼산바라기 하는 나는

그를 따라 흔들리는 나뭇가지였다
함께 흐르는 강물이었다

그러나 맹목은 폭우의 다른 이름
슬쩍슬쩍 그를 부위별로 팔아먹기 시작했다

그의 귀를 검은 머리 촉새에게 팔고 있을 때쯤
그가 구름의 밑동을 잘라 나를 두드리기 시작했다

〈

밤새 얻어맞은 볼이 얼얼했으나
나는 아직 살아 있다

자정의 거울

그가 거울 속으로 떠난 후
말을 잃어버린
나를 반으로 접는다

거울도 반으로 접힌다

반 토막 난 거울과
반 토막 난 내가 술을 마신다
사방이 거울로 된 술집에서는
구름도 빗방울을 들키고 만다

오이를 썰어 넣은 소주에
몸을 담그자 발목이 차고 시리다
달달한 망고 속살이
거울에서 튕겨 나온다

노래를 핑계로 마음을 전하는 건
초보들의 수작[酬酌]
거울은 복제가 가능한 동물
내가 그의 거울이 되는 것

〈
자정은 포옹하거나 헤어지기 좋은 시간

떠나는 거울과 반으로 접힌 내가
잠시 허리를 펴는 사이
자정이 사라진다

식탁을 표절하다

훔쳐 온 문장 하나로 저녁을 짓는다

냉장고를 열면 묵은 낱말들이
빽빽하게 쟁여 있다

양파를 벗겨도 비밀이 없고
독을 품은 고추는 매운맛을 잃었다

단단한 도마는 귀퉁이를 깎아도
사각을 허물지 못한다

해 지는 집에서 훔쳐 온 연애를
식탁에 풀어본다 첫 행부터 싱겁다

훔쳐 온 것들은
속이 비었거나 껍질이 질기다

묵은 감정을 그릇에 넣고 흔들면
꽃이 된다는 마술사의 말을 믿고 싶다

〈

훔쳐 온 가시가 목구멍에 걸린 저녁
식탁은 오늘도 어제를 베낀다

동창회

나무 한 그루 알아채는 건 순간이다
악수하는 손등으로 미끄러지는 눈빛

나무의 발자국은 검정 아니면 빨강이다
대체로 검정은 침묵하고 빨강은 소란스럽다

나무 등껍질을 열자 쟁여놓은 시간들이 쏟아진다
발자국이 고장 난 나무는 맨 뒷자리다
태양이 손가락보다 비싼 반지 옆에 앉는다
입술과 심장은 서로 덜그럭거린다

검정 발자국이 더욱 검어져 그늘로 사라지는 동안
숲은 빨강에서 떨어진 피의 잔해들로 흥건하다

껍질을 벗어버린 나무가 물소리를 풀어놓는다
그늘이거나 꽃이다
저녁이 하나둘 모서리를 접는다

불발된 연애들

꽃밭에 뱀들이 살았다

뱀이 꼬리에 불을 당기면
꽃은 달콤한 혀를 내밀었다

죽었으나 죽지 않은 뱀들과
살았으나 살지 못한 꽃들이
오래된 골목에 전시되어 있다

창밖으로 꽃잎을 버리다
들켜버린 뱀과
달빛도 먹어치우는 뱀의 식욕이
틀 속에 갇혀 있다

골목의 창문마다
발사되지 못한 연애들이 걸려 있다

꽃과 뱀이
인간과 같은 종족이라는 소문이
폭죽 터지듯 퍼지는 밤이다

비밀 문장

당신은 물지 않고 상처 주는
놀라운 기술이 있었다

어느 날부터 의자에 중독된 당신은
늙은 개에게 바칠 물고기를 잡기 시작했다
오른손으로 친절하게 악수하고
왼손으로는 온 방죽을 휘저었다

나는 책상 너머에서 수시로 짖어대는
당신을 끌고 선유도로 갔다

핏빛 바다에 당신의 문장을 풀어놓고
신발신발 실컷 욕설을 퍼붓고 돌아왔다

당신을 선유도에 버린 뒤
출근하는 가방에는 물결이 출렁거렸다
걸음마다 물고기 발자국이 선명했다

어제는 방울방울 목숨이 매달려 있는
당신의 방울토마토를 뿌리째 뽑아버렸다

열어진 햇살에 당신은 익을 것 같지 않았다

나의 예의 바른 침묵은 계속되었다

남자들

빨랫줄에 남자들이 걸려 있네
이미 색이 바랬거나
한쪽 주머니가 찢어졌거나
불안에 푹 젖어서 물이 흐르기도 하네

주기적으로 남자를 광고하는 교차로에서
통이 넓은 남자를 여자는 덜컥 예약했네
그때부터 여자의 사춘기가 시작되었네

여자는 남자의 눈 속에서 뜬구름을 털어 내거나
훔쳐 온 땅콩과 오징어로 남자의 가방을 채워 주었네
만취한 은행나무를 물렁한 침대에 눕히는 일로
기차는 조치원쯤을 가다가 되돌아오곤 했네

남자들은 몇 개의 그림자를 숨겨두고 사네
빨랫줄에 걸려 있을 때 햇살을 구겨 넣었기 때문이라네
하늘을 오르려고 버둥거리거나
꽁꽁 언 바다를 토막 내는 것도
그림자가 하는 일이라네

〈

남자들은 그림자를 포기하기 어렵고
여자들은 쓰레기통에 버려진 남자를 꺼내 입을 맞추네
빨래통에 한 움큼의 남자들을 담아두고
필요한 남자들만 꺼내어 빨랫줄에 걸어두고 싶네

압화押花 전시장

꽃길을 기억하는 바람이
그의 도톰한 그림자를 건너는 중이다

바위에 눌려 쪽잠 자던 웃음
햇볕과 천둥과 바람과 하늘
액자에 담아 유리문을 닫는다

태양은 더 이상 그림자를 데려오지 않고
유리액자는 뜨거운 소리를 삼켜버린다
바람은 꽃의 향기를 설득하지 못하고
하늘은 꽃의 눌린 웃음을 외면한다

거대한 유리창에 눌려 납작해진 아버지
뒷문 열고 귓속으로 바람을 넣었으나
다시 부풀어 오르지 않는다

외진 모서리에
죄 없이도 납작 엎드려 살던 아버지가
구겨져 있다

삼월

제 그늘 밖을 벗어난 적 없는
목련 한 그루 창밖에 서 있다

가벼운 바람에도 심하게 흔들리며
봄까지의 거리를 재는
어린 물고기들은 가지 끝이 서식지다

언제 한번 흐드러지게 피어날 수 있을까
햇살을 붙들고 골몰하고 있는 물고기들에게
새 한 마리 날아온다 입에 문
겨울 나뭇가지로 주추를 놓는다

목련은 단 한 번의 회의도 없이
꽃그늘 환해지는 봄날 쪽으로 길을 잡고
삼월은 회의 중

나는 강제로 입력된 서류더미를
하나씩 허공 쪽으로 놓아준다

어떤 무기는 소리가 없다

우울증은 기억을 학대하는 습관이 있어
침대에서 떨어져 죽은 흰 꽃을 내밀기도 한다

당신이 심장도 없이 빈 몸으로 내게 왔을 때
나는 눈이 여러 개 달린 긴 밤을 선물했다
바다로 떠난 애인의 발자국을 찾거나
나무의 머리카락을 헤아리기에 충분히 긴 밤이었다

당신은 한 달에 십 분 정도 뜨거워져
달콤한 과즙이 피처럼 솟구치기도 했으나
이내 독하게 돌아서는 버릇이 있었다
물을 뿌려도 좀처럼 새잎이 나지 않았고
모서리는 각을 포기하지 않았다

당신에게 보낸 구애의 답은 계산된 것이었다
내가 할 수 있는 건
밤마다 당신 창문 앞에서 무릎을 꿇거나
몸속에 타오르는 불을 끄고 잠드는 일뿐이었다

나는 아직도 침묵에게 걸어가는 중이다

말言

터널 입구에는 칼이 산다

칼은 좀처럼 속을 보여주지 않는다
바닥은 방금 태어난 말들로 가득하다

젖어 있던 말들 자라서 뜨거운 살이 된다
고여 있던 말들 뭉쳐서 썩은 칼이 된다

칼이 사과를 베어 먹고 얼룩을 뱉는다
탁자 위로 떨어진 얼룩이 꽃을 삼킨다
칼이 사랑해요 라는 말을 꽃에게 전한다
꽃은 얼룩 대신 검은 사과를 내민다
꽃은 칼을 잡는 가장 강력한 거짓말이다

전쟁터에서 돌아온 말言들이
밤새 침대 모서리를 갉아먹는다

가끔 혹은 자주

악몽을 꾸는 날이면
침대에 파도가 출렁인다

토막 난 기억을 붙잡고 버틴 흔적들

응답하지 않는 수화기가
태어나지 못한 아이를 찾는다

혼자 하는 놀이가 필요하다

쉰한 번째 척추에 도착하자
문과 나 사이 거리가 점점 멀어진다
암호를 숨겨둔 손가락이 떨린다

왼손으로 밥을 먹는 날에는
가끔 밥 한 끼에 약을 두 끼 먹는다
심장에 사는 물고기가 걱정이다

나비가 허물을 벗고 날아간 뒤
단풍나무는 기억을 잃는다

〈

빈 방에서 그림자가 사라진다

자주 혹은 늘
보이지 않는 골목에 세워둔
나를 잃어버린 게 분명하다

자화상

나무 그늘에 오십 년 된 차를 세우고 흘러간 노래를 들었다
초록벌레 한 마리 선바이저에 앉아 함께 듣고 있었다
살짝 건어 내려 했으나 벌레는 열린 창문 안쪽으로 떨어졌다
의자 밑에서 차 안의 화장지통까지
샅샅이 뒤졌으나 벌레는 어디에도 없었다

나는 음습한 그늘을 벗어나려 발버둥 치고 있었다
햇빛에 올라타는 연습을 하던 나는 자주 미끄러져
거미줄 같은 홑껍데기 이불을 뒤집어쓰고 우는 날이 많았다
눈물이 반죽한 질척한 시간들이
나를 다시 더 짙은 그늘로 끌고 다녔다
캄캄한 골방에서 내 그림자와 술을 마셨고
물미역처럼 풀어져 바닷가 검은 모래 속에 불륜을 낳기도 했지만

까만 씨앗을 넣고 돌리면 하얀 꽃송이가 나오는
얼룩이 묻어 있는 그늘을 넣으면 바싹 마른 햇살이 나오는

제법 그럴싸한 세탁기, 그런 세탁기를 한 대 샀다
그때쯤에는 초록벌레 따위는 까맣게 잊고 살았다
봄날이 기울던 무렵 엑셀을 밟는 발바닥이 가려웠다
질주하던 욕망에 브레이크가 걸렸다
나뭇잎같이 가볍던 심장을 벌레가 갉아 먹는지
가슴에서 기타줄 끊어지는 소리가 들렸다

그제야 어디에도 없던 초록벌레가
날개를 가진 문장으로 다시 태어날 것이라고 믿기 시작했다

배추흰나비 자벌레

하루에도 몇 번씩 당신 곁으로 가는 길에서
두 눈배기 쌍살벌의 날갯짓 소리를 들어요

가도 가도 다시 제자리로 돌아오는
당신이 꽃이고 내가 나비가 되는 습관

목덜미 주름이 길어지는 밤에는 촛불을 켜 들죠
서로 순한 관계로 파고들 수 있는
배춧잎 몇 장도 준비할게요

대낮에는 일정한 거리를 두고 허물을 벗어요
당신의 웃음이 완벽하게 빛을 발하는 순간

우리가 함께했던 길목에서
저 쌍살벌을 피해 날개를 펴는 것이지요

닿을 수 없는 거리는 애초에 없었어요
나는 당신 옆구리에서 태어났으니까요

몇 개의 나를 읽는 오후

바람이 읽다 만 나뭇잎 몇 장 넘기다가
즐거운 무덤으로 가는 개미를 따라가다가
애인과 함께 살 집을 지을까 고민하다가
우울한 시간만 뱉어내는 엘리베이터는 없을까 생각하다가
잠들지 못한 나를 세탁기에 통째로 넣고 빼다가
나무라디오 커피점에 앉아 찻잔에 떠 있는
구름의 오후를 홀짝홀짝 마셔보다가
몸에 맞지 않은 로맨스를 입었다 벗었다 하다가
지하 중고서점에 가서 누군가 살다 버린 남자를
헐값에 사서 낡은 가방에 집어넣었다가
아직도 내 속에 느낌표가 살고 있나 없나
노점에 앉아 으적으적 고추튀김이나 씹기도 하는

2부

이수도

선착장에서 물새전망대까지
한눈에 들어오는 섬이다

몇 해 전 갑자기 쓰러져
다리가 불편한 친구와 동행이다

느리게 다만 느리게
계단을 오르고 꽃들에 입을 맞춘다
기우뚱한 웃음으로 몇 평 햇살도 만든다

한때 우리는
수평선을 고무줄처럼 가지고 놀았고
바람을 마음대로 끊어내기도 했다

길이 자꾸 바다 쪽으로 미끄러진다
애써 버티는 꽃들의 무릎이 붉어진다

전망대에 올라도 파도를 주름잡아주던
물새는 보이지 않는다

서문序文

장미보다 들국화 민낯이 어울린다고
햇빛보다 달빛 발자국이 더 많다고
문을 열어 주셨지요
집시처럼 떠돌던 문장에
커다란 말뚝을 박아 주셨지요
여기까지 20년 세월이 흘렀어요
발자국 몇 개로 압축되는 표정이었지만
더디고 힘든 걸음이었다는 걸 눈치채고
석류알 수천 개의 폭죽을 터트려 주셨지요
푸른 저수지에 수백 개의 술잔을 띄우셨지요
그날 이후 문은 열기보다 닫기가 어렵다는 걸 알았어요
내 집에는 수시로 들락거리는 저녁이 깊어졌고
주인을 잃은 옆구리가 많아졌거든요
가끔 닫을 수 없는 문밖에서는
노랗게 익은 달빛이 피어나고
불쑥불쑥 들국화 서성거려요

물고기 노래방

웅덩이를 술로 채운 물고기들이
비릿한 음표들을 풀어놓는다

곰팡이가 무성한 지하는
물고기들이 숨기에 적당하다

제 몸보다 더 비린 게 당기는 물고기들은
한 번쯤 메뉴를 바꿔보기도 하지만
대개는 익숙한 음식에 손가락이 닿는다

밤이 깊어갈수록 싱싱해진다
곰팡이 허리와 어깨를 파고들며
문 열어달라고 살살 꼬리친다
물고기들 통통하게 살이 오른다

그러나 물고기의 수명은 길지 않다
수족관에서 흘러나오던
먹이가 바닥을 보이자
물고기들 노래방을 빠져나와
다시 어둠 속으로 사라진다

섬

나이테가 섬 하나를 완성한다

갈증은 사이를 사이에 두고 닳아진 지문을 찾는 현상

어둠이 스위치를 올리자
애인이 빠르게 점멸한다

탁자에 쏟아진 별을 마시고 축축해지는 뿌리

애인이 갉아먹은 그믐달이
눈썹 위에 걸린다

제 둘레보다 커다란 그림자를 거느리는 섬

그림자는 또 다른 그림자의 애인이다

둥근 흔적

암막 뒤에 살았다
빛 가운데 서 있는 모든 것들의
발목을 부러뜨리는 데 골몰하던 여름

배롱나무 발목에서는 꽃 대신
검은 울음들이 쏟아졌다

복원이 불가능했다

구름을 뒤집어쓰고 며칠을 운다 한들
몸피를 줄이려고 빗방울 속으로 뛰어든다 한들

계단은 무너졌고 유통기한은 너무 짧았다
잉크만으로는 바다를 기록할 수 없었다

검은 구름에게 자주 허리를 물어 뜯겼어도
수평선은 기어코 제자리로 돌아왔다
달은 제 안에서 터진 분화구를 삼키고도
결국 둥글게 돌아왔다

실패의 흔적은 둥글다

천리포 수목원에서

닛사의 갈비뼈로 거미집을 짓겠습니다
저녁마다 거미줄 턱걸이 천 개쯤 하고 나면
혹시 알아요 아이 열둘쯤 거뜬하게 낳을지

낙우송 뿌리에 젖꼭지를 꽂아두겠습니다
물고기들이 낙우송 발가락을 만 번쯤 빨고 나면
혹시 알아요 뿌리에서 젖이 나와 물고기를 키워줄지

삼색개키버들 품으로 셋쯤은 시집보내겠습니다
어디에서 살든지 잎이 꽃처럼 핀다면
혹시 알아요 잎과 꽃의 경계가 단번에 허물어질지

다음 생엔 옐로우버드목련으로 태어나겠습니다
무너진 꿈도 노란 새와 천만번 입 맞추면
혹시 알아요 둥글고 노란 달 하나 낳을지

*닛사. 낙우송. 삼색개키버들. 옐로우버드목련 : 태안 천리포 수목원에 있는 나무들.

검은 그림자

고속도로 휴게소에서
나를 데려온 버스가 사라졌다

방금 건너온 검은 저수지를 지나
저녁 8시를 지나
텅 빈 머릿속을 드나들던 그림자가
이 세상에 자물쇠를 채운다

길을 잃으면 그 자리에
꼼짝 말고 서 있으라던
엄마가 걸어놓은 암호를 풀면
누군가 나를 찾을 수 있을까

뒷덜미를 끌어당기는 시간이
밤하늘을 빠르게 갉아먹는다

요양병원

어머니가 삼 년쯤 살다 가신 집에
아버지가 뒤이어 들어가신다

안 가겠다는 어머니를 아버지 손으로
안 가겠다는 아버지를 아들이 달래서

이사 간 집에는 침대들이 즐비하다
아버지도 링거줄을 붙잡고 옹송거린다

비좁은 통로를 오가는 것은
얼룩진 과거를 토해내는 밭은 기침소리뿐

그 집에서의 유일한 치료는
찬란했던 정오를 잊게 하는 것
머리 하나에 몸이 여럿 달린 햇빛을 차단하는 것

한때 밖으로만 떠돌던 아버지도
어머니의 둥근 밥상을 그리워한다

아버지를 외딴 집에 모셔 놓고 돌아오는 길
쏟아지는 햇빛에서도 비린내가 난다

퇴고推敲

버리기는 아깝고 사랑하기엔 모자란 애인이
빈 그네처럼 마당 구석에서 흔들린다

그네는 미세한 바람도 감지하는 촉수로
낭창낭창 건너뛰기도 하고
오래 입을 다물기도 했다

자정 무렵 차마 못 버린 애인을 다시 찾는다
동그랗게 웅크린 그늘이 짙다

달빛 아래 헛짚던
까만 발자국에도 별이 돋을까

버리기는 아깝고 사랑하기엔 모자란 애인과
나는 얼마나 더 함께할 수 있을까

붉은 사과나무

애인의 심장에 청진기를 들이대자
붉은 나뭇잎이 떨어진다

여자의 외투주머니에서
애인의 손가락이 사라진다

애인이 강의 하류로 흐르는 동안
여자는 바람 부는 창문에 매달려 있다

눈 코 입이 삭제된 가면을 쓰면
침묵 속에서도 새소리가 또렷하다

애인은 빨간 사과나무를 심는다
여자는 붉게 팽창할 것이다

애인은 여자의 심장에
코끼리 발자국을 남긴다 무겁다

골목마다 안개가 채워진다
여자의 몸에서 붉은 비가 쏟아진다

1982년 모래내

안개는 청춘들의 놀이터다

부러진 생각들이 비듬처럼 떨어지고
가을이 길을 잃고 골목을 빠져나가
안개 속으로 잠긴다

검은 달에 새겨진 문장을 해독하느라
밤을 새우던 날들이 아직 터널에 갇혀 있다
안개가 벽을 허무는 밤이면 혀 짧은 꽃들도
악착같이 구름이 되어 떠나는 꿈을 꾸곤 했다

엠블런스가 안개 한 무더기 내려놓고 떠난다
깜깜한 지하에서 삼켰던 수면제 다섯 알,
애인과 마셨던 술이 토해놓은 순대울음이 실려 간다
공원묘지에서 더 이상 늙지 않은 친구와
끝끝내 떠나는 단풍은 한통속이다

꿈꾸기에는 안개 속만 한 게 없다

대인기피증

산과 산 사이 다리가 있다
벼랑으로 떨어지는 가을

한때 우리는 같은 문장을 쓰며
같은 식탁에서 밥을 먹었던 적이 있다

햇빛이 정수리에 쏟아질 때마다
사랑이 붉게 출렁인다

당신에게서 배달된 덜 익은 혀들이
내 검은 핏줄에 스며든다

산이 높을수록 벼랑이 깊다
벼랑이 깊을수록 겨울이 길다

나는 구름다리에 고리를 건다
천칭저울처럼 산봉우리를 뽑는다

우우우 떨어지는 구름의 잔해들
죽지 않을 만큼 비를 맞는다

〈

사람 사이에 아득하게 걸려 있는

통증을 건넌다

스무 살

스무 살 근처를 지나는 딸이
이불을 뒤집어쓰고 울고 있다

스무 살의 깜깜한 입구에
노래가 되지 못한 소리들이 살고 있는 듯
간간이 짐승의 소리를 훔쳐와
이불 아래 숨겨두곤 했다

그때 내가 할 수 있는 것은
부풀어 오르는 풍선의 공기를 빼는 일
시든 꽃을 딸의 가슴에 달아주는 일
위로의 말로 울음을 더욱 키우는 일

내 스무 살의 꽃 무덤에도 바람이 불곤 했다
검은 구석을 탈탈 털어 햇볕에 말리고 싶었다

어느 날 스무 살 근처를 걷다가
지금 웅크리고 있는 스무 살을 만난 듯
아픈 상처들이 층을 이루고 있는
꽃무덤을 오래도록 쓰다듬어 주었다

〈

많이 힘들겠구나

엄마의 골목을 빠져나와
스무 살 근처를 지나고 있는 어린 딸은
여전히 이불을 뒤집어쓰고 울고 있다

능제저수지에 가면

떠도는 소문들이 몰려든다는
만경들녘 능제저수지로 가보아라
나뭇가지에 늙은 햇살처럼 앉아
깨알 같은 들녘 소문들을
물 위에 꼭꼭 심고 있는 새들
냉이가 보리풀과 바람나서
벌써 아이를 낳았다느니
갈대는 청둥오리 둥근 엉덩이만 바라보며
총각으로 늙어가고 있다느니
새들이 쏟아내는 말들로
귀가 더워진 물고기들이
나무의 발등을 타고 올라
귀 대신 입을 씻는다
바람 탄 풍경소리를 내며 비릿한 입소문들이
공중으로 사라진다
새벽이면 칼에 베인 말들을 빨고 있는
나무 귀가 아흔아홉 개나 열린다

나도 내 아린 말들을 거기 뱉어 놓은 적이 있다
봄마다 노란 꽃들이 통증으로 피어난다

청명

벚꽃 화창한 아침

배꼽 밖으로
낡은 탯줄을 꺼내어
물 위에 유서를 쓰는
젊은 사내

바위인 줄 모르고
꽃을 심으려다
삶은 폐허가 되고

간신이 파닥거리는 심장을
물고기가 입안에 물고 있다

3부

참회

수렁인 줄 알면서도 제 발로 들어가는 때가 있다

헛디딘 발자국마다 점· 점· 점 피멍이 붉다

미안미안미안미아안 미안미안미안미아안

매미의 늦은 참회가 계속 따라오는 팔월 한낮

초록 들판을 지나 배롱나무 붉은 꽃길을 걷는다

오월이 간다

붉은 장미 피거나 말거나
목련꽃 지거나 말거나

미루나무 바람에 흔들리거나 말거나
찔레꽃 하얀 피 흘리거나 말거나

사무치게 그립거나 말거나
죽도록 밉거나 말거나

부직포 가방

간간이 뵈러 갈 때마다 어머니는
쓰시던 냄비며 이불이며를 챙겨주셨다
 내 죽어뿔면 불태울 것들 아니가?
 새것이나 진배없는디 아깝고로
마지못해 들고 온 나는 쓰지도 버리지도 못하고
집 안 구석구석에 처박아 두었다
어머니 돌아가시고 베란다 창고에서
부직포 가방 무더기를 발견했다
하얀 국화꽃 무늬가 새겨진 「효한의원」 가방들
가방에 묻은 먼지를 털며
버릴까 말까 망설이다 망설이다 그만두었다
부직포만큼이나 가벼운 생을 살다 가신 어머니
부전시장 생선가게에서 일하실 때
죽은 물고기 비늘처럼 눌어붙은 가난을
어머니는 얼마나 벗겨내고 싶었을까
버스도 툴툴거리며 올라가는 산동네에서
아무도 돌봐 주지 않는 녹슨 살림을
얼마나 내다 버리고 싶었을까
못 버린 부직포 가방을 볼 때마다
마른 잎 풀썩이듯 나는 무릎이 꺾인다

파도타기

십 년 하고 또 십팔 년 더 일했다고
회사에서 돛단배 세 척을 받았다

4 4 4, 4 4 4, 4 4 4
바다에 떠 있는 돛단배들
죽어도죽어도죽어도 그렇게는 못 하겠다는 나를
죽어라죽어라죽어라 내모는 거 같다

고양이는 뒷문으로 돌아가 계단을 오르내리고
새는 돛단배를 타고 돌아다녔다
계단에 중독된 사람들이 다른 계단을 찾는 동안
계단에 식욕을 느끼지 못한 사람들은 선착장에 모였다

돛단배 타는 일은 목숨을 걸어야 한다
시시때때로 흔들어대는 날 선 바람을 견디고
다가오는 파도의 주먹을 삼킬 줄 알아야 한다
몸속에 피아노 몇 대쯤 거뜬히 키울 수 있어야 한다

백두산 천지에서

백두산 천지에서 술을 마셔 본 사람은 안다

걸터앉은 자리마다 비로용담 핀다는 것을

독한 술도 순한 이슬이 된다는 것을

부딪치는 술잔에서 심장소리가 들린다는 것을

술병에서 울컥울컥 시詩가 쏟아진다는 것을

천지가 푸른 눈물로 빚은 술항아리라는 것을

문신

길을 찾아볼게요

너는 말문을 열어 둔 채
단단한 바위 속으로 떠났다

며칠 후 바위에서
네 이름과 발자국이 배달되었다

나는 네가 보낸 그림자에
자꾸 물을 주었다

내 심장에서 흘러나오는
네 목소리를 반복적으로 들었다

나의 간절한 기도는 자주 밤을 새웠다

마트료시카 인형처럼
끝없이 너는 돌아오고

어제를 잊은 바람이 발등에 툭 떨어졌다

방

외딴섬 벼랑 아래
바람이 숨어드는 작은 동굴

모서리가 모서리에게 손 내밀면
아슬아슬 불편이 해체되는 방

삐걱거리는 낡은 목선이
부서진 기억들을 조립하는 방

칼날에 베인 한낮의 해가
깜깜하게 들어가 실컷 울던 방

외롭고 쓸쓸한 별이 돌아
몰래 애인을 만나는 방

그곳에 숨겨 놓은 내가 있다

봄밤

민속촌에나 있을 만한 주막이
대형 서점 지하에 있다
선배 시인과 막걸리 퍼마시면서
시[詩]의 지도[地圖]를 헤매는 동안
1층 서점에 꽂혀 있던 시들도
삐걱거리는 나무 계단을 타고 내려온다
지도에는 꽃이 피었다 지기도 하고
아이들이 달리다 넘어지기도 한다
잘 씹지 않은 밥알갱이처럼
시의 조각들이 술잔에 동 동 동 떠다닌다
꽃과 소나기와 아이들을 찾아 헤매는
지하의 봄밤이 짧다

홍복사에는

그 절집에는
허리 굵은 여자와
그 여자만 바라보고 사는
키 큰 남자가 있다
그만큼 보았으면 살가울 만도 하건만
여자는 무뚝뚝하기가 돌부처다

남자도 한때
심장처럼 붉은 꽃을 피우던 적도 있었다
초록빛 연서를 온몸으로
흔들어보기도 하고
깨알만 한 열매로 쓴 편지를
여자에게 몰래 보내기도 했다

김제 홍복사에는
평생 딱지만 맞는 나무가
서서히 열반에 드는
가을이 있다

격포에서

소리 없이 몸속으로 들어와 떠드는 한 놈과
격포항에서 솔섬까지 걸었는데요

토막 난 심장에 나무 한 그루 심어놓고
맘대로 흔들어 대던 놈이었지요
찾아갈 때마다
검은 숲으로 숨어버리곤 했었는데요

끌어안고 살아도 끝끝내
내 편이 되지 않는 그놈을
풀어놓고 실컷 패주고 싶었는데요

파도가 갈매기 목소리 탐난다고
갈매기 목에 그물 치는 것 봤느냐고
되려 따져 묻는 것이었는데요

검은 구름이 바람과 싸우고 나면
혀들을 마구 쏟아내는 것 아느냐고
윤슬이 그놈과 나의 키스의 흔적이라고
아무리 말해줘도 모르는 것이었는데요

〈

그러는 동안 파도는 제 맘대로
세상을 다 건들다 도망가데요
석양이 솔섬 어깨를 툭툭 치는데
바다는 저 혼자 온몸이 붉어지데요

그 여자

삐걱거리는 생각 끝
오! 관음

머리에 절 한 채 이고
붉은 침대에 덜컥 엎드린 여자
안되는데
안되는데
직립의 소리 삼키는 여자

침실을 들여다보는 구름이
늙었다고 쑥덕거리든 말든
단단하게 무너지는 여자

밤낮없이 물이 오른다는
비릿한 가계에
기어이 족보를 잇겠다고
엉덩이를 들썩이는
직소폭포, 그 여자

파전을 먹으며

꽃을 먹으면 몸에서 뿌리가 자라기도 한다
뿌리에서 자라난 어둠이
꽃으로 필 수 없다는 걸 알면서도
가끔 몸 구석구석을 들여다본다
뿌리들이 화석이 되어가고
강물에 던지는 돌에서 그림자가 피는 나이
내소사 입구 식당에서 파전을 먹는다
화석이 될 뿌리를 잘라내고
미끈거리는 알몸으로 누워 있는 초록의 기억들
가을 잎이 덮는다
허공을 떠다니던 말들이 자꾸 젖은 옷을 입는다
노랗게 익은 마음들을 모른 체하며 파전을 찢는다
갈래길과 뜬구름 사이로
종아리 허연 그녀가 꽃인 척 피었다
발바닥이 근질거린다

바다로 떠난 당신

바다로 떠난 당신이 새벽에 거미줄을 타고 왔다
'별★님의 생일을 축하해 주세요' 라며
바다를 통째로 끌어안고 웃고 있다
나는 물고기가 한 마리도 헤엄치지 않는
생일카드를 읽는다
당신이 파도를 접어서 내게 건넨다
오늘이 당신의 쉰한 번째 생일
당신이 떠난 일 년은 아직도
차가운 바다에 가라앉아 있다
바다는 완강하게 용접된 채
내가 바다 깊은 곳까지 풀어놓은 거미줄을 타고
당신이 나에게 별★로 건너온 것이다
하루에도 몇 번씩 거미줄을 흔들어 본다
촛불이 꺼져도 여전히 생일이고
바다는 아직도 당신의 등을 끌어안고 있다

술푸는.net

여수로 가는 기차는 술통이 바퀴다

바퀴에 술을 가득 채운 기차가
바다로 달린다

술을 권하는 건 젖은 구름

빈대떡 같은 구름이
지는 햇살을 철썩 갈기면
술푸는.넷
마시고 적시고 마시고 잠기고

헐거워진 술통에 노을이 들어앉자
기차는 탈탈탈탈[脫脫脫脫] 바다로 뛰어든다

헌책방

게으른 일요일이 헌책방을 산책한다

아득한 사막을 건너온 구름들
몸을 구부려 발을 씻어준다
벚꽃의 함성 고요하다

시간을 통과한 것들은 중고가 되는가
황금빛 휘장 두른 시집을 삼천 원에 산다
상처가 내 몸에 밑줄을 긋는다

세상은 모두 헌책들이다
심심한 햇살도 요양병원 철창 너머로
출간한 지 팔십 년 된 소설을 읽고 있다

4부

상강

밤중에 일어나 창문을 닫았습니다

펄펄 끓는 꿈속에서
당신의 편지를 다시 읽으며
밤하늘을 올려다보았습니다
팽팽한 귓가로 새들 날아왔다
가는 날이 많았습니다

지난여름 함께 읽은 시간들이
거리에 넘치고 있습니다
가끔가다 넘어지기도 하였지요
행간마다 붉은 물고기가
온몸을 휘젓고 갔습니다

달력 한 장을 뜯자 서리가 내렸습니다
뼛속을 유영하던 나뭇잎들이 툭툭 집니다

밤중에 일어나 창문을 닫았습니다
닫아도 닫아도 훤히 보이는 유리창을
꾸역꾸역 닫았습니다

당신을 보내고

당신을 보내고 바다에 왔습니다
해안선 올이 풀리면서
바다는 자꾸 서쪽으로 기울어집니다
그곳으로 옮긴 당신이 심장을 씻고 있는지
밀려오는 물결은 온통 핏빛입니다
꽃잎처럼 떠 있던 배들이 바람 따라 뭍으로 가고
바다를 떠나지 않겠다고 물속에 발을 디딘 섬들이
어둠 속으로 잠깁니다
나는 당신의 발자국을 남겨두고
차가운 해안선을 걸어 나옵니다

이제야 알았습니다

터널을 빠져나온 눈물이 모여
호수로 고인 게 터미널이라는 걸
터미널 계단에 서 있는
당신을 보고 알았어요

신호등이 심장의 한 조각임을
심장에서 터져 나온 불꽃이라는 걸
붉게 물든 신호등을 보고 알았다고요

선술집이 영화의 무대라는 걸
영화를 찍는 배우들이 모인 촬영장이라는 걸
대본에도 없는 대사로 자꾸
엔지[NG]를 내면서 알았습니다

골목길이 무덤의 입구라는 걸
무덤으로 몰려가는 바람의 골짜기라는 걸
억새처럼 흔들리며 골목길 모퉁이에 서 있는
당신을 보고 알았답니다

별리

붉은 접시꽃 가장자리마다
차마 잡지 못한 옷깃을 꼭꼭 눌러 쓴 사이

기차는 떠났습니다
넘치는 강물에 자물쇠 잠그는 것도 잊은 채

강물에는 밤새 불덩이 하나를 껴안고 버티다
너무 뜨거워 놓쳐 버린 심장이 떠 있습니다

기차가 떠났습니다
철길은 헤어진 사람들의 단단해진 상처입니다

철길 따라 그가 떠났습니다

산목련

지리산 산목련 꽃봉오리
하늘빛 끌어모아 기도 중이다

행여 품고 있는 사랑 날아갈까 봐
꽃잎끼리 꽃잎끼리 눈 마주치고 있다

나는 가버린 사람을 생각하다가
두 손으로 감싸 안는다

피지마라 피지마라 피지마라

피고 나면 지는 일은 순간
꽃은 피기 전이 절정이다

활짝 핀 사람은 시들었지만
가슴에 묻어 둔 사람은
늘 피기 직전이다

시집과 과태료

시가 잘 써져 술도 마시고
시가 잘 써져 지하철도 타고
시가 잘 써져 웃기도 한다며
곱창 속에서 시를 꺼내 줄줄 읽던
시인이 보내온 시집 한 권과
단속 카메라가 보내온
신호위반 통지서가 함께 도착했다
평생 시와 함께 늙어간다는 시인의 시집 칠천 원
멈추지 않고 마구 달린 신호위반 과태료 칠만 원

위도 가는 길

바람 부는 날 위도에 간다
배를 기다리는 동안
방파제에 걸터앉아
몸속 외딴집 골목까지
발가락 멀리 발톱섬까지
소주로 씻어낸다
안주는 껍질 속에서
내숭 떠는 소라보다
능청능청
광어 엉덩이 살이 좋다
마음에도 물길이 생기면
비로소 배에 오른다
끼룩끼룩 끼루룩끼루룩
갈매기에게서 전화가 온다
술 한잔 더 하자고
사랑 따위 없어도 상관없다고
위도로 가는 배의
아랫도리를 훔쳐본 바다가
거품 물고 따라온다

구절초 공원에서

모든 연애는 아프다든가

목발 짚은 소나무와
구절초의 사랑이 애절하다
말 한번 걸고 싶어도
손 한번 잡고 싶어도
평생 닿지 못하는 거리를
서로 바라만 보고 있다

바람이 햇살의 발끝을
톡톡 건드리는 구절초 공원
몸이 불편한 사내가
구절초 꽃잎 같은 여자와
꽃길을 걷는다

사내가 소나무에 몸을 기대고
여자의 어깨에 머리를 얹는다
사내 몸이 여자의 목발 같다

카메라 셔터를 누르자
여자 얼굴에 희고운 꽃이 핀다

원평[院坪] 가는 길

모악산 발등을 넘어가기로 했어요
산의 호흡을 들숨으로 마시고
글썽글썽해진 날숨을 내쉬는 길
사람들이 가장 천천히 가는 길이지요
나무가 길이고 숲이 길인 길을 모르고
골짜기마다 들여다보고 간섭하며 넘었어요
귀신사 지날 때는 부처님 따라
나도 조용히 두 손을 모았어요
저수지 아랫마을까지 어떤 숨소리가 따라왔어요
저수지에는 청둥오리들이 물가에 걸린 시[詩]를
베껴 쓰느라 아는 체도 안 하더군요
김제 원평[院坪]에 도착했어요
노닥노닥 산길을 넘거나
해를 추월해서 국도로 오거나
너른 들 옆구리를 품어 주는 건 매한가지
빨리 가겠다고 내 심장에서 이력 한 줄 훔쳐
사다리로 쓴 그 사람도
제가 키우지 않은 뿌리는 꽃을 피우지 못한다는 것을
알 때가 오겠지요
어느 길에서 누군가의 숨소리를 깊이 생각하는 것도
그 곁에 오래 머물러 있었기 때문이지요

머리를 감으며

한때 울울창창하던
통째로 지축이 흔들려도
끄떡없이 생명을 품어주던 숲

물줄기를 타고 내려오는
물고기의 여린 입술에서도
평생 바위의 지문을 읽느라
뭉툭해진 바람 끝에서도

한 움큼씩 뽑혀
바닥까지 환한 숲 속의 길

장가네 족발집으로 간다

몸속 보일러가 너무 뜨거워
웃음에서도 얼룩이 보일 때쯤
나는 장가네 족발집으로 간다
내 몸에 자라는 그리움
큰 통 속에 넣고 푹푹 삶아
세상에 내놓고 싶다

겨울을 견딘 매화나무가
와락 눈물을 쏟을 때쯤
나는 장가네 족발집으로 간다
내 안에 멍울진 상처 묻어두고
헐렁헐렁 세상을 살아가고 싶다

너에게로 가는 말이
토막토막 끊어져 나조차
알아들을 수 없을 때쯤
나는 장가네 족발집으로 간다
토막 난 말들이 서로 다투며
발라낸 뼈마디처럼 뒹굴 때
한 번쯤 사랑한다고 악을 써보고 싶다

팔월

지렁이들 말라 몸을 비트는 한낮
청소노동자들 거리로 나온다

한 달 70만원에
평생 청소 일만 했다는 아주머니
망설이다 햇볕보다 뜨거운 마이크를 잡는다

평생 일만 하고 안 먹고 안 쓰고 살았는디
사람 사는 꼴이 말이 아녀요

더듬더듬 몇 말씀마저
지나가는 바퀴들이 잘라먹는다

미안혀요 미안혀요
날도 뜨건데 힘들게 해서 미안혀요

자식 같은 노동자들에게
연신 허리를 숙이며 내려오신다

머리가 반백인 아주머니의 못다 한 말들이

햇살 쨍쨍한 아스팔트에
송곳처럼 꽂힌다

뙤약볕

아들한테 전화 쫌 해줄랑가
나 쪼께 델로 오라고

햇살에 둥글게 말린 할머니가
내 차를 세운다

한여름 뙤약볕 퍼붓는 들판이다

할머니는 암호를 풀어내듯 여기저기
숨어 있는 숫자들을 더듬는다

어디냐? 나 쪼께 델로 와야 쓰겄다
배고파 죽겄다

친구를 만나고 있다는 아들은
날도 뜨건데 밭에 갔다고 화를 내고

배고파서 그러겄냐
수술한 다리가 아파서 그러지

할머니와 할머니보다 더 큰 유모차를
뒷자리에 태우고 가는 동안

마흔 넘은 아들인디 여태 혼자여
일이 안 풀려서 그렇지 마음은 착혀

어이, 비정규

종이컵처럼 한 번 쓰고 버리는 그를
사람들은 비정규라 부른다
기계 부품을 만드는 그는
하루에도 몇 번씩 풀어지지만
살뜰한 가족이 그를 다시 조여 준다
어쩌다 바라보는 하늘은 너무 높고
그의 신음은 바닥을 기어 다닌다
그가 받는 지시는 장문이고
그를 퇴출하는 문자는 단문이지만
그는 길고 짙은 그림자로 버틴다
노동의 대가가 너무 헐렁하다 싶으면
포장마차에 들러 몸의 전원을 꺼버린다
전원을 꺼도 잠들지 못하는 밤에는
어이, 비정규, 어이, 비정규,
그를 부르는 환청이 족쇄처럼 따라다닌다

■□ 해설

존재의 열도(熱度)와 상관(相關)의 형상들

유종인(시인)

1

눈물로 시간을 반죽하는 삶이란 어떤 것인가. 익반죽물로는 더운 눈물을 넣는다면 그걸 반죽하는 사람의 그림자가 여느 그늘보다 더 짙을 것만 같다. 같은 그늘이라도 눈물로 제 삶의 상처와 회한, 열락(悅樂)의 기억들을 익반죽하는 사람의 그림자를 이길 요량은 요원해 보인다. 그런데 이 눈물의 주성분이 단순한 허무나 절망, 멜랑콜리(melancholy)만이 아니라면 이 눈물의 효용은 생각보다 심도(深度)가 있고 그 범위(範圍)가 넉넉하리란 예상이다.

한선자 시인의 시적 응시(凝視)는 대상을 자기화(自己化)하기 어려워진 갈등의 구조 속에서 존재의 파열음이 내는 새뜻한 정감(sentiment)을 주조(主調)로 정서적 익반죽을 하는 데 능숙하다.

폭우라는 말을 폭력으로 들은 아침

밤새 얻어맞은 볼이 얼얼했으나
나는 아직 살아 있다

그가 내게 온 건 비린내 물씬 나는 선창가

그때 나는 이유 없이 두들겨 맞고 있었다
순간순간 없는 죄를 반성하고 있었다

먼 곳에 있는 그를 먼산바라기 하는 나는

그를 따라 흔들리는 나뭇가지였다
함께 흐르는 강물이었다

그러나 맹목은 폭우의 다른 이름
슬쩍슬쩍 그를 부위별로 팔아먹기 시작했다

그의 귀를 검은 머리 촉새에게 팔고 있을 때쯤
그가 구름의 밑동을 잘라 나를 두드리기 시작했다

밤새 얻어맞은 볼이 얼얼했으나
나는 아직 살아 있다

—「폭우」 전문

화자가 처해있는 주변 환경의 변화와 사물들의 인상을 통해 그 불가역적(不可逆的) 분위기를 실존의 환경으로 환치(換置)하는데 여실하다. 이는 존재의 환경이 화자의 내면에 미치는 인상을 혁혁하게 감득(感得)하는 센스에서 비롯된다. 폭우(torrential rain)라고 하는 외적 환경을 내면의 분위기로 전환시키는데 자연스럽다. 그러자면 이런 폭우의 정황을 좀 더 심리적인 기제(機制)로 바꿀 필요가 있는데, 그것은 방법상의 호칭 바꾸기로 일종의 의도적인 은유(隱喩)의 구문을 설정하는 것이다. 즉 폭우를 '맹목'으로 규정한다든가 또 폭우를 '폭력'으로 규정함으로써 화자의 심리적 정황에 적확한 뉘앙스로 폭우의 개념을 재설정하는 재미있는 방법이다. 폭우의 이미지나 속성(屬性)을 일부 차용함으로써 심리적 무대에 선 화자의 '얼얼'한 방백(傍白)이 가능하도록 소슬하게 조장하는 것이다. 그런데 여기서 '그'라고 하는 대상의 존재를 간과할 수 없다. 시인의 다른 여러 시편에서 여러 대명사의 형태로 등장하는 상대는, 그 수월치 않은 환경에도 불구하고 오히려 시인의 존재를 더 부각시켜 열도(熱度)를 키우는 절대적인 원인자(原因子)로 작용한다.

고통과 맹목을 불러옴에도 오히려 존재의 내성(耐性)을 키워주는 대상은 그래서 흠모(欽慕)의 지경이 얼비친다. 즉 "따라 흔들리는 나뭇가지"이며 "함께 흐르는 강물"을 자처하게 만드는 이 맹목은, 시인이 시 전편에서 추구하는 관계(relationship)에 대한 전향적이고 다양한 의미부여를 가능하게 한다. 이 시편에서는 맹목이기는 해도 그것이 항상 맹종(盲從)의 양상을 띠는 것만은 아니다. 오히려 이 시의 맹목적인 열정의 언술 속에는 "나는 아직 살아있다"라는 반복된 진술의 서늘함에 주의할 필요가 있다. 열정을 뒷받침하는 이 냉정(冷情)이 오히려 화자의 지속적인 열정의 디딤돌이자 견인차(牽引車)가 되기도 한다.

십 년 하고 또 십팔 년 더 일했다고
회사에서 돛단배 세 척을 받았다

4 4 4, 4 4 4, 4 4 4
바다에 떠 있는 돛단배들
죽어도죽어도죽어도 그렇게는 못 하겠다는 나를
죽어라죽어라죽어라 내모는 거 같다

고양이는 뒷문으로 돌아가 계단을 오르내리고
새는 돛단배를 타고 돌아다녔다
계단에 중독된 사람들이 다른 계단을 찾는 동안
계단에 식욕을 느끼지 못한 사람들은 선착장에 모였다

돛단배 타는 일은 목숨을 걸어야 한다
시시때때로 흔들어대는 날 선 바람을 견디고
다가오는 파도의 주먹을 삼킬 줄 알아야 한다
몸속에 피아노 몇 대쯤 거뜬히 키울 수 있어야 한다

–「파도타기」 전문

열정은 삶의 산물인가 죽음의 산물인가. 누구나 삶의 편에서 열정을 해석하길 주저하지 않는다. 그러나 역시 불가역적(irreversible)이게도 삶의 여정(旅程)에 있어서의 열정은 "죽어도 그렇게는 못하겠다는" 주체를 "죽어라죽어라죽어라 내모는 거 같"은 상황의 타개(打開)에 있다. 낭만적 서사(story)가 불연속적으로 이어질 거라고 삶을 진단하거나 예단하는 사람은 거의 없을 것이다. 긍정적 마음바탕에도 불구하고 호의적이지 않은 상황을 개척하는 심산은, 죽음의 이미지가 밴 '4(死)'자 모양의 '돛단배 타는 일'을 마냥 보류하거나 배척할 수만은 없다. 왜냐면 이 시에서 '돛단배 타는 일'은 주체적 자유의 포지션을 확보하는 상징성이 있기 때문이다. 그래서 "목숨을 걸"고 "날선 바람을 견디"면서 "파도의 주먹을 삼킬 줄 알아야" 한다. 그런데 중요한 점은 마지막 행에 도사린다. 그런 엄혹하고 강퍅한 상황에서도 "몸속에 피아노 몇 대쯤 거뜬히 키울" 깜냥의 낙천성(樂天性), 혹은 생활과 두동지지 않는 낭만에의 추구를 잊지 않는 일이다.

삶과 죽음 사이에 놓인 현실의 돛단배는 때로 닻이 없거나 끊어져 나갔다. 이걸 수습(收拾)할 것인가 방기(放棄)할 것인가는 전적으로 실존적 결단과 의지의 문제다. 시인의 이런 결기는, 때로 존재의 조건에 대한 맑은 분노와 따스한 연민을 통해 드러난다.

종이컵처럼 한 번 쓰고 버리는 그를
사람들은 비정규라 부른다
기계 부품을 만드는 그는
하루에도 몇 번씩 풀어지지만
살뜰한 가족이 그를 다시 조여 준다
어쩌다 바라보는 하늘은 너무 높고
그의 신음은 바닥을 기어 다닌다
그가 받는 지시는 장문이고
그를 퇴출하는 문자는 단문이지만
그는 길고 짙은 그림자로 버틴다
노동의 대가가 너무 헐렁하다 싶으면
포장마차에 들러 몸의 전원을 꺼버린다
전원을 꺼도 잠들지 못하는 밤에는
어이, 비정규, 어이, 비정규,
그를 부르는 환청이 족쇄처럼 따라다닌다

— 「어이, 비정규」 전문

한국에서 '비정규'라는 직업의 조건에 붙이는 명명(命名)처럼 아프고 시린 말이 또 있을까. 화자의 직업적 환경과 대비될지도 모르는 이 직업상의 근무형태는 무수한 절망과 죽음을 초래했고, 그러기에 화자는 그런 무수한 익명(匿名)의 비정규직 사람들을 아예 뭉뚱그려 "어이, 비정규" 하고 부르기에 이른다. 이런 아픈 호명(呼名)은 시인의 비정규직에 대한 애정과 연민에서 발원하는 것이면서 한국노동시장의 구조에서 박탈당하고 박해받는 순수하고 정직한 직업노동에 대한 분노로 얼비친다. 그런 노동자들은 "받는 지시는 장문"이지만 "그를 퇴출하는 문자는 단문"이라는 간명하지만 뼈아픈 지적에 가슴이 먹먹해질 수밖에 없다. 소위 노동시장의 유연성 운운하는 사용자들의 일반적이고 편의적인 발상이 양산해낸 무수한 비정규직이 익명(anonymity)을 벗고 노동현장의 온당한 유명(有名)으로 존재하길 간원하는 시편이다. 그때까지 "그는/ 하루에도 몇 번씩 풀어지지만/ 살뜰한 가족이 다시 그를 조여" 주는 따스한 뒷배를 거느린다. 가족은 정규직을 넘어서는 혈연의 영원직(永遠職)이지 싶다.

이렇듯 존재의 조건에 대한 한선자 시인의 시선과 관심은, 대략 두 가지 층위(層位)에서 시적 정서를 유지한다. 하나는 심정적 위로와 사랑의 가능성을 타진하는 내면(內面)의 파고(波高)와 그 음양(陰陽)을 그린다. 또 하나는 삶이라는 실존적 환경에서 마주하는 다양한 풍정(風情)들에 대한 화자의 감성과 인성(humanity)을 통한 사회적 정서(情緖)를 드러내는 반응이다.

병아리가 낳은 알을 낯선 골목에 버린 밤이 탄다

말없이 기차역으로 떠나는 빨간 구두를 태운다
영혼이 아랫도리에 있다고 믿는 남자를 태운다
아직도 과거가 끓고 있는 뚝배기를 태운다

사랑이란 너를 태우다가 내가 끓어넘치는 일
문 두드리는 기억을 밖에 세워둔 저녁
빨갛게 달아오르도록 잊고 싶은 것들을
뚝배기에 담아 태운다

–「뚝배기를 태우다」 부분

무엇보다 화자가 바라보는 삶은 깨달음이 지극해진 적멸(寂滅)의 담담함이 아니라 여전히 존재의 이마에 돋는 열(熱)을 가늠하며 그 이마가 식을까 오히려 가만히 애를 태우는 지경이다. 헤식어 버린 마음은 그만큼의 열도(熱度)를 놓치고 사는 일상이기에 그의 존재는 뚝배기처럼 오래 열을 담지(擔持)하고 있어야 한다. 사랑에 대한 화자의 진술처럼 "태우고" 또는 "끓어 넘치는 일"은 과오(過誤)가 아니라 과정(過程)이며, 그 자체로 존재의 지극한 진성(眞性)에 가깝다 이른다. 그런 열정의 가만한 응시가 덥히고 있는 뚝배기에는 "아직도 과거가 끓고" 있을 개연성(蓋然性)이 농후하다.

2

옛일이 오늘의 일로 새뜻해지는 지경이 있다면 그건 어떤 경우일까. 단순한 답습(踏襲)이 아니라 깨어있는 눈길, 그런 응시의 감각이 일상을 들여다볼 때가 아닌가 싶다. 그렇다면 그런 새뜻함은 무엇을 바탕이나 매개(媒介)로 삼는가. 그것은 다름 아닌 '훔쳐 온 것들'이라는 '어제'의 경험들이다. 그런데 이 경험들은 오히려 화자에게 선험적(先驗的)인 인상마저 드리워준다. 어제의 것들이 오늘의 것으로 답습되지 않고 새로워지는 마련은 존재의 '식탁'에 새로이 마주하는 경각(警覺)과 감응(感應)의 식사와도 같은 일이다.

훔쳐 온 문장 하나로 저녁을 짓는다
......(중략)......

해 지는 집에서 훔쳐 온 연애를
식탁에 풀어본다 첫 행부터 싱겁다

훔쳐 온 것들은
속이 비었거나 껍질이 질기다

묵은 감정을 그릇에 넣고 흔들면
꽃이 된다는 마술사의 말을 믿고 싶다

훔쳐 온 가시가 목구멍에 걸린 저녁
식탁은 오늘도 어제를 베낀다

－「식탁을 표절하다」 부분

표절(剽竊)로부터 시작된 이 시의 인상은 실상 인용(引用)의 적극적인 형태로 부각되기에 족하고 그러기에 그것은 일종의 반면교사처럼 활용될 여지가 충분하다. 이는 "훔쳐 온 문장"을 통한 화자의 적극적인 내면에의 천착일 수도 있고 그것의 긍정적인 변형에의 욕구의 발현일 수도 있다. 그런 화자의 욕구는 "묵은 감정을 그릇에 넣고 흔들면/ 꽃이 된다는 마술사의 말"이 지닌 연금술(鍊金術)적 매력에 가닿으려는 심리(psychology)일 수도 있다. 그 시도는 늘 "오늘도 어제를 베끼"는 작업 속에서 활성화되고 창의적으로 왜곡(歪曲)되는 변형의 아름다움에 도달하곤 한다.

핏빛 바다에 당신의 문장을 풀어놓고
신발신발 실컷 욕설을 퍼붓고 돌아왔다

당신을 선유도에 버린 뒤
출근하는 가방에는 물결이 출렁거렸다
걸음마다 물고기 발자국이 선명했다

어제는 방울방울 목숨이 매달려 있는
당신의 방울토마토를 뿌리째 뽑아버렸다
옅어진 햇살에 당신은 익을 것 같지 않았다

나의 예의 바른 침묵은 계속되었다

— 「비밀 문장」 부분

존재의 다양한 뉘앙스와 마찬가지로, 우리는 완벽한 심정을 지니고 살기가 요원하다. '완벽한'이라는 수식어가 지닌 여러 조건에도 불구하고 그것들은 실상 완벽하지 못한 조건을 스스로 구성하는 한계를 지닐 수밖에 없는 말이기 쉽다. 사람들 사이의 관계의 양상이 또한 그렇다. 최고의 앙상블(ensemble)은 하나의 찰나적 꼭짓점의 발광(發光)의 이미지에 지나지 않을 수도 있다. 오히려 위 시편의 관계적 양상에서 화자가 지닌 약간의 위악적인 태도는 오히려 진솔하고 신선하다. 특히나 "당신을 선유도에 버린 뒤/ 출근하는 가방에는 물결이 출렁거렸다"는 전언은 화자의 미련이 아직도 그 앞서의 결단보다 더 생명력이 질기다는 생각을 불러온다. 옳고 그름의 분별이 아니라, 이런 관계에서 얼러내는 감정들은 모두 변형된 심리의 여줄가리가 아닌가 싶다. 그만큼 생각과 감정의 계곡과 능선을 탄 뒤에 얻게 되는 관계의 느낌들은 관성적인 일반의 감정들에서 비껴나 있다.

겨울을 견딘 매화나무가
와락 눈물을 쏟을 때쯤
나는 장가네 족발집으로 간다
내 안에 멍울진 상처 묻어두고
헐렁헐렁 세상을 살아가고 싶다

너에게로 가는 말이
토막토막 끊어져 나조차
알아들을 수 없을 때쯤
나는 장가네 족발집으로 간다
토막 난 말들이 서로 다투며
발라낸 뼈마디처럼 뒹굴 때
한 번쯤 사랑한다고 악을 써보고 싶다

-「장가네 족발집으로 간다」 부분

다른 야물고 옹골찬 수사(修辭)가 박힌 시편보다 이 시는 더 직격(直擊)하는 언술의 말맛이 더 진솔하다. 에두르고 비틀어버린 시적 구문(構文)들이 넘쳐나는 요즘 일군의 시편들 속에서 이런 시편은 "헐렁헐렁"한 품새의 낙락함이 있고 "발라낸 뼈마디처럼 뒹굴 때"의 그 사랑의 악다구니의 순정한 눈시울 같은 게 있다.

"토막 난 말들이 서로 다투"는 세간의 이전투구(泥田鬪

狗) 속에서 한선자 시인은 말이 지녀야 할 순도(純度)한, "세상 살아가고 싶"은 지극한 심정의 형상(形象)들이 다가드는 정황을 그린다. 그것은 어쩌면 시인이 써나가는 시의 지도(地圖) 속에 고스란히 드리워진 삶의 지형일 수도 있다.

버리기는 아깝고 사랑하기엔 모자란 애인이
빈 그네처럼 마당 구석에서 흔들린다

그네는 미세한 바람도 감지하는 촉수로
낭창낭창 건너뛰기도 하고
오래 입을 다물기도 했다

자정 무렵 차마 못 버린 애인을 다시 찾는다
동그랗게 웅크린 그늘이 짙다

달빛 아래 헛짚던
까만 발자국에도 별이 돋을까

버리기는 아깝고 사랑하기엔 모자란 애인과
나는 얼마나 더 함께할 수 있을까

— 「퇴고推敲」 전문

시를 품고 그러나 그 시를 온전히 잉태하기 위해 늘 바깥바람을 쏘이듯 방외(方外)에 거치시키는 시인의 속내는 순정한 욕망이다. 그 욕망을 자신의 시를 타자화(他者化)된 "모자란 애인"으로 환치(換置)시키고 그 애인이 새뜻하고 마뜩하게 교화(敎化)되기를 꿈꾼다. 그러나 그런 욕망의 대상은 실상 자신으로 회귀되는 시의 모태(母胎)로서의 시인일 수밖에 없다. 자신의 분신(分身)이며 궁극적인 일체(一體)인 시를 일품(逸品)으로 만들기 위한 시의 타자화(Otherization)는 시와의 분열과 일치를 꿈꾸는 시인이란 존재의 아이러니(irony)가 아닐 수 없다.

> 닛사의 갈비뼈로 거미집을 짓겠습니다
> 저녁마다 거미줄 턱걸이 천 개쯤 하고 나면
> 혹시 알아요 아이 열둘쯤 거뜬하게 낳을지
>
> 낙우송 뿌리에 젖꼭지를 꽂아두겠습니다
> 물고기들이 낙우송 발가락을 만 번쯤 빨고 나면
> 혹시 알아요 뿌리에서 젖이 나와 물고기를 키워줄지
>
> 삼색개키버들 품으로 셋쯤은 시집보내겠습니다
> 어디에서 살든지 잎이 꽃처럼 핀다면
> 혹시 알아요 잎과 꽃의 경계가 단번에 허물어질지
>
> 다음 생엔 옐로우버드목련으로 태어나겠습니다
> 무너진 꿈도 노란 새와 천만번 입 맞추면
> 혹시 알아요 둥글고 노란 달 하나 낳을지

—「천리포 수목원에서」 전문

시의 지도(map), 그 지형도 안에는 천리포 수목원은 활달하고 자유자재(自由自在)가 가능한 다양한 숨탄것들의 변신과 활성(活性)을 거느리게 된다. 무관(無關)한 것들이 짐짓 의뭉스레 눈길을 주고받으며 호의적인 상관(相關)의 겨를을 갖는다.

앞서 '모자란 애인'은 이 지점에 이르러 모든 결핍과 불모(不毛)를 딛고 다양한 갱생의 포인트에 자리 잡은 듯하다. 그녀의 시가, 이 지점에 이르러 스스로 자학적인 모자람을 벗고 "무너진 꿈도 노란 새와 천만번 입 맞추면" 기어코 "둥글고 노란 달 하나 낳을" 수 있는 원만한 냅뜰성과 낙락한 오지랖을 지닌 시의 풍모(風貌)를 곁에 두게 된다. 한선자 시인의 이런 활달한 시적 견인력(牽引力)은 삶의 내막(內幕)을 들춰내고 그 이면(裏面)에 도사린 소소한 진실들을 새삼스레 아로새기는 맛을 진설한다.

터널을 빠져 나온 눈물이 모여
호수로 고인 게 터미널이라는 걸
터미널 계단에 서 있는
당신을 보고 알았어요

신호등이 심장의 한 조각임을

심장에서 터져 나온 불꽃이라는 걸
붉게 물든 신호등을 보고 알았다고요

선술집이 영화의 무대라는 걸
영화를 찍는 배우들이 모인 촬영장이라는 걸
대본에도 없는 대사로 자꾸
엔지[NG]를 내면서 알았습니다

골목길이 무덤의 입구라는 걸
무덤으로 몰려가는 바람의 골짜기라는 걸
억새처럼 흔들리며 골목길 모퉁이에 서 있는
당신을 보고 알았답니다

–「이제야 알았습니다」 전문

앞서 언급했듯이, 무관(無關)한 것들이 서로 상관물(相關物)로 자리매김하는 자리에 시인의 따스한 눈길이 늡늡하게 배어있다. "신호등이 심장의 한 조각"임을 밝히고 그것이 "심장에서 터져 나온 불꽃"이라는 놀라운 발견은 단순한 비유의 차원을 넘어서는 심정적인 열도(熱度)를 지닌 자만의 오롯한 감각일 터이다. 제목처럼 시인은 매순간 깨달아가는 길 위의 존재가 아닐 수 없다. 존재의 운수행각(雲水行脚) 속에 치열해지는 존재의 열도(熱度)는 그런 소외된 것들과 서로 두동지고 무관한 것들을 하나의 상관

(相關)으로 아우르며 그 온전한 그리고 새뜻한 이미지를 구가(謳歌)하기에 이른다. 그 서늘하고 처연한 서정의 아우라는 내내 시인이 먼동처럼 그 가슴에서 트여가는 여명(黎明)으로 그 존재와 그 주변을 밝히기를 천수천안(千手千眼)의 일족(一族)임을 부단히 증명해나갈 것이다.